Geheimnisvolle Ordnung

Oswald Kettenberger

Kiefel Verlag · Wuppertal-Barmen

Sprich mir schweigend von Gott

Simone Weil

Hätten die Nüchternen einmal gekostet,
alles verließen sie und setzten sich zu uns an den Tisch der Sehnsucht,
der nie leer wird.

Novalis

Der Herr ist mein Hirt, nichts kann mir fehlen;
er läßt mich rasten auf grüner Au.
Er führt mich zur Ruh an lebendige Wasser, schenkt meiner Seele Erfrischung.
Auf rechten Wegen leitet er mich, um seines Namens willen.
Und müßte ich gehn in dunkler Schlucht, ich fürchte kein Unheil: Du bist bei mir.
Dein Stab, deine Führung, sie geben mir Zuversicht.
Den Tisch bereitest du mir ins Angesicht denen, die mich bedrängen.
Du salbest mit Öl mein Haupt, und übervoll ist mein Becher.
Die Huld und die Gnade gehen mir nach
durch all meines Lebens Tage.

Nach Psalm 23

Mich ruft zuweilen eine Stille, die alles Tönen überschweigt,
bis ein geheimnisvoller Wille sich über meine Seele neigt.
Der sprengt im Zittern von Sekunden dies enge Haus – die Welt ist Traum!
In ferne Täler sanken Stunden und flüsternah ward jeder Raum.
Da komm ich zu dir ohne Schritte, auf pfadelosen Pfades Spur,
und kein Gewähren, keine Bitte verschattet eine sel'ge Flur.
Ich bin an dich dahingegeben als je und je dir zugedacht,
du hüllst mich ein wie Licht und Leben mit ursprungtiefer Liebesnacht,
und alle Qual, die mich zerrissen, als trüg ich Wahn und Aberwitz,
war nur das zeitlich-dumpfe Wissen um einen ewigen Besitz.

Gertrud von Le Fort

Könnt ich sie dir zurückbringen, diese stille Feier, diese heilige Ruhe im Innern,
wo auch der leiseste Laut vernehmbar ist, der aus der Tiefe des Geistes kommt,
und die leiseste Berührung von außen,
vom Himmel her, und aus den Zweigen und Blumen – ich kann es nicht aussprechen
wie mir oft ward, wenn ich so dastand vor der göttlichen Natur,
und alles Irdische in mir verstummte – da ist er uns so nahe, der Unsichtbare.

Friedrich Hölderlin

Und wieder bin ich unhörbar, unhörbar wie das Licht.
So bis ins einzelne befasse ich mich mit der Stille,
daß ich, dem Tastsinn folgend, die Angst durchschneide. Die fremde und die eigene.
Und deshalb scheint's, ich gehöre zu ihnen, wenn Blinde sich umdrehen.
Gemeinsam ziehen wir im Finstern uns durchs Nadelöhr.

Ludvik Kundera

Nichts kann ohne Einsamkeit entstehen.
Ich habe mir eine Einsamkeit geschaffen, die niemand ahnt.
Es ist sehr schwer heute, allein zu sein,
weil es Uhren gibt.
Haben Sie je einen Heiligen mit Uhr gesehen?

Pablo Picasso

In dieser geistigen Einsamkeit durchlebte ich von neuem mein ganzes Leben,
ich untersuchte alles bis zur letzten Einzelheit in ihm,
ich dachte über alles und jedes nach, ich gab mir Rechenschaft
über meine ganze Vergangenheit,
hielt streng und unerbittlich über mich selbst Gericht,
und in mancher Stunde segnete ich die Vorsehung dafür,
daß sie mir diese Einsamkeit geschickt hatte,
ohne die ich niemals zu diesem Gericht über mich selbst gekommen wäre,
zu dieser strengen Durchsicht und Prüfung meines früheren Lebens.

F. M. Dostojewski

Es gibt nur eine Einsamkeit, und die ist groß und ist nicht leicht zu tragen,
und es kommen fast allen die Stunden, da sie sie gerne vertauschen möchten
gegen irgendeine noch so banale und billige Gemeinsamkeit,
gegen den Schein einer geringen Übereinstimmung mit dem Nächstbesten...
Aber vielleicht sind das gerade die Stunden, wo die Einsamkeit wächst;
denn ihr Wachsen ist schmerzhaft wie das Wachsen des Knaben
und traurig wie der Anfang der Frühlinge.
Aber das darf Sie nicht irre machen.
Was not tut, ist doch nur dieses: Einsamkeit, große innere Einsamkeit.
In-sich-Gehen und stundenlang niemandem begegnen – das muß man erreichen können.
Einsam sein, wie man als Kind einsam war, als die Erwachsenen umhergingen,
mit Dingen verflochten, die wichtig und groß schienen,
weil die Großen so geschäftig aussahen und weil man von ihrem Tun nichts begriff.
Und wenn man eines Tages einsieht, daß ihre Beschäftigungen armselig,
ihre Berufe erstarrt und mit dem Leben nicht mehr verbunden sind,
warum dann nicht weiter wie ein Kind darauf hinsehen,
als auf ein Fremdes, aus der Tiefe der eigenen Welt heraus,
aus der Weite der eigenen Einsamkeit, die selber Arbeit ist und Rang und Beruf?
Warum eines Kindes weises Nicht-Verstehen vertauschen wollen
gegen Abwehr und Verachtung, da doch Nicht-Verstehen Alleinsein ist,
Abwehr und Verachtung aber Teilnahme an dem,
wovon man sich mit diesen Mitteln scheiden will.

Rainer Maria Rilke

Wenn aber dieser herbstliche Sturm des Schicksals, dieser ruchlose Sturm,
der rings die Ernten tausendjährigen Wachstums bleicht und entwurzelt,
auch nach dem Kleinod unsres Inneren griffe,
daß wir uns selbst ablegen sollten wie ein zu eitles Geschmeide und alles Ich und Du,
alles innigste Eigen wie Flugsand wäre, verweht in die Wüste der Massen:
Wie wird sich dann aus unsren Tiefen erheben die mächtige Einsamkeit,
diese urgewaltige, heimliche Herrscherin auch der glückseligsten Stunde,
wie furchtlos wird sie über die Schwellen ihrer Verborgenheit schreiten,
und wie gelassen dem Sturm ihre Stirne bieten –
wie liebreich wird uns ihr gefürchtetes Antlitz erscheinen
und o wie sanft ihre strenge Hand,
wenn sie die unsere löst aus der Verflochtenheit der dichten Gedränge
und uns hinuntergeleitet, hinuntertröstet tief, tief hinunter unter den gottlosen Tag
ins Unzugängliche ihres schweigsamen Reiches,
wo niemand unsrer harrt als die eigene Seele.

Gertrud von Le Fort

Eisig, o Herr, ist zuweilen meine Einsamkeit.
Und ich begehre nach einem Zeichen in der Wüste meiner Verlassenheit.
Doch im Laufe eines Traumes hast du mich belehrt.
Ich habe begriffen, daß jedes Zeichen eitel ist, denn gehörtest du meiner Stufe an,
so zwängest du mich nicht zum Wachsen.
Und was vermag ich anzufangen mit mir, o Herr, so wie ich bin?

Antoine de Saint-Exupéry

Verschlossen das Wasser,
verschlossen der Wald.
Der See schaut in den Himmel,
der Himmel blickt in den See.
Ob es noch etwas
auf der Welt gibt –
man weiß es nicht,
hinter dem Wald
sieht man es nicht.
Und wenn es etwas gibt,
so gehört es nicht hierher –
es ist überflüssig.
Hier müßte man
sich für immer ansiedeln.
Hier würde die Seele
zittern wie Luft,
zwischen Wasser und Himmel
dahinströmen,
und die Gedanken
würden tief und rein.

Alexander Solschenizyn

Gott ist gut zu dem, der ihm vertraut, zur Seele, die ihn sucht; gut dem,
der schweigend harrt auf Gottes Hilfe.

Jeremia 3, 26

Nicht wer sich am besten Gehör verschaffen kann,
sondern wer in sich am meisten Stille geschaffen hat im Weghören von sich,
im Hinhören auf das Wort, der kann dann auch am besten raten.
Vielleicht ist es der Schüchternste.

Corona Bamberg

In die Mulde meiner Stummheit
leg ein Wort und zieh Wälder groß zu beiden Seiten,
daß mein Mund ganz im Schatten liegt.

Ingeborg Bachmann

Ich muß wieder beten wie früher,
wie früher muß ich die Stimme erheben.
Zum König werde ich beten.
Wie der Gesang des Vogels sei mein Gesang.
Ich lebe, und ohne Furcht ist mein Herz.
Keine Leere ist geblieben.
Mein Herz kann singen.

Gebet der Araukaner

Herr, rede du allein beim tiefsten Stillesein zu mir im Dunkeln.

Gerhard Tersteegen

Wir können uns der letzten Geheimnisse nicht anders versichern
als durch einen kühnen Sprung in ihre Tiefe.
Dieser Sprung ist ein ungeheures Wagnis, er bedeutet eine ganz persönliche Entscheidung,
aber wir dürfen sie trotz aller Gefährlichkeit und scheinbarer Ungewißheit getrost vollziehen,
denn es ist kein blinder Zufall,
daß wir unter diesen oder jenen Vorstellungen über die letzten Geheimnisse stehen,
sondern diese Vorstellungen sind vom göttlichen Leben selbst in uns gewirkt.

Gertrud von Le Fort

Zu wem das ewige Wort spricht, der ist frei von vielem Gefrage.

Thomas von Kempen

Hüte dich vor dem Getümmel der Menschen, soviel du kannst.
Das Gerede über weltliche Geschichten hindert ja nur,
auch wenn es in redlicher Absicht geschieht.
Gar schnell besudelt dich die Eitelkeit und nimmt dich gefangen.
Ich wollte, ich hätte mehr geschwiegen und wäre nicht so viel unter Menschen gewesen.
Warum reden wir denn so schnell miteinander,
wo wir doch selten ohne Befleckung des Gewissens
wieder zum Schweigen zurückkehren?
Wohl darum tun wir es, weil wir uns mit solchen Gesprächen trösten möchten.
Aber wie leer und fruchtlos ist dies gar oft!
Die Tröstung, die man draußen sucht, hindert nur die innere, göttliche Tröstung.
Darum wachet und betet, daß die Zeit nicht so nutzlos zerrinne!
Und wenn du reden darfst und sollst, so sprich, was zur Erbauung dient.

Thomas von Kempen

Wie heißt du
Angst
oder
Lust
oder
Verzweiflung
oder
Hoffnung
oder
Niemand
oder
Jemand?
Sag mir
wer du bist
der mich jagt
mich dann
in Ruhe läßt
so unruhig
so unerlöst
so lös mich
doch
von mir
und mach
mich still!

Jose Fremder

Meine Seele dürstet nach Gott, nach dem lebendigen Gott.
Wann darf ich kommen und Gottes Antlitz schauen?
Tränen sind mir zum Brot geworden, denn sie sagen ständig zu mir:
Wo bleibt denn dein Gott?
Was bist du betrübt, meine Seele, warum stürmst du so in mir?
Hoffe auf Gott!
Ja, ich will ihn rühmen, er bleibt mein Heil und mein Glück.
Ein Meer ruft es dem anderen zu, im Rauschen deiner gewaltigen Wasser;
all deine Fluten sind über mich hingegangen.
Ich sage zu Gott, meinem Fels: Warum hast du mich vergessen?
Warum muß ich angstvoll gehen, von meinem Feind bedrängt?
Es martert mich, wenn sie höhnen:
Wo ist nur dein Gott?
Was bist du bedrückt, meine Seele, und warum stürmst du in mir?
Hoffe auf Gott,
ich will ihn rühmen, er bleibt mein Heil und mein Gott!

Nach Psalm 42

Die schwersten Wege werden alleine gegangen,
die Enttäuschung, der Verlust, das Opfer, sind einsam.
Selbst der Tote, der jedem Ruf antwortet und sich keiner Bitte versagt,
steht uns nicht bei und sieht zu, ob wir es vermögen.
Die Hände der Lebenden, die sich ausstrecken, ohne uns zu erreichen,
sind wie die Äste der Bäume im Winter. Alle Vögel schweigen.
Man hört nur den eigenen Schritt und den Schritt,
den der Fuß noch nicht gegangen ist, aber gehen wird.
Stehenbleiben und sich Umdrehn hilft nicht. Es muß gegangen sein.

Hilde Domin

Fügung und Führung setzen nur ein, wenn eine Gewißheit da ist;
an ihr befestigen sie sich, und langsam unterliegt das Leben einem verborgenen Plan;
wir brauchen ihn nicht zu kennen; er setzt sich durch, insofern wir gehorsam sind.

Reinhold Schneider

Für mich ist das Gebet ein Aufschwung des Herzens,
ein einfacher Blick zum Himmel empor, ein Schrei der Dankbarkeit und der Liebe,
aus der Mitte der Prüfung wie aus der Mitte der Freude;
kurz, es ist etwas Großes, Übernatürliches,
das mir die Seele ausweitet und mich mit Jesus vereint.

Therese von Lisieux

Das Beten ist sehr schwer, wenn man nicht weiß, wie man beten soll,
aber wir müssen einander helfen, es zu lernen.
Das Wichtigste ist die Stille.
Menschen, die das Gebet lieben, lieben die Stille.
Wir werden uns nicht in die Gegenwart Gottes versetzen können,
ohne uns zu einer inneren und äußeren Stille zu zwingen.
Deshalb müssen wir uns an eine Stille des Geistes, der Augen und der Zunge gewöhnen.
Gott ist der Freund der Stille.
Wir müssen Gott finden,
wir können ihn aber weder im Lärm noch in der Betriebsamkeit finden.
Seht, wie die Natur, die Bäume, die Blumen, das Gras in einer tiefen Stille wachsen,
wie Sterne, Mond und Sonne in der Stille auf- und untergehen.

Mutter Teresa von Kalkutta

Für mich ist das Gebet ein Aufschwung des Herzens,
ein einfacher Blick zum Himmel empor, ein Schrei der Dankbarkeit und der Liebe,
aus der Mitte der Prüfung wie aus der Mitte der Freude;
kurz, es ist etwas Großes, Übernatürliches,
das mir die Seele ausweitet und mich mit Jesus vereint.

Therese von Lisieux

Wenn Sie mich nun noch fragen sollten, bevor ich jetzt gehe, endgültig gehe,
ob ich nicht einen Zauberschlüssel kenne,
der einem das letzte Tor zur Weisheit des Lebens erschließen könne,
dann würde ich Ihnen antworten:
Ja! Und zwar ist dieser Zauberschlüssel nicht die Reflexion,
wie Sie es von einem Philosophen erwarten möchten, sondern das Gebet.
Das Gebet, als letzte Hingabe gefaßt, macht still, macht kindlich, macht objektiv.
Die großen Dinge des Daseins werden nur den betenden Geistern geschenkt.

Peter Wust

Allmählich, wie er innerlicher und innerlicher wurde im Gebet,
hatte er weniger und weniger zu sagen, und zuletzt verstummte er ganz.
Er ward stumm, ja, was dem Reden vielleicht noch mehr entgegengesetzt ist
als das Schweigen, er ward ein Hörender.
Er hatte gemeint, beten sei reden; er lernte: beten ist nicht bloß schweigen, sondern ist hören.
Und so ist es denn auch; beten heißt nicht sich selber reden hören,
sondern heißt dahin kommen, daß man schweigt, und im Schweigen verharren,
und harren, bis der Betende Gott hört.

Sören Kierkegaard

Gott, der nicht im Mikroskop zu finden war, rückt uns bedrohlich in die Rechnung;
wer ihn nicht denken muß, hat aufgehört zu denken.

Max Frisch

Plötzlich erfuhr ich die Stille wie eine Gegenwart.
Im Herzen dieser Stille war Er, der selbst Stille, Frieden und Gelassenheit ist.

Georges Bernanos

Wenn man Jesus gesehen hat,
muß man auf anderem Weg heimgehen; auf dem Weg der Bekehrung,
nicht auf dem Weg der Vergangenheit.

Charles de Foucauld

Es gibt immer Zeiten, wo man wieder sich selbst gegenübersteht, das heißt, dem Nichts.
Die Seele gelangt nicht direkt zu Gott, sie flackert unaufhörlich um ihn herum,
ohne ihn vollkommen finden zu können.

Charles de Foucauld

Der betende Mensch, der sich schweigend von den anderen abwendet,
ist der Stellvertreter, der betend seine Mitmenschen mit hineinzieht
in sein hoffnungsvolles Ausschauen nach Gott.

René Voillaume

Die Einsamkeit wird nicht gestört von Menschen, die uns brauchen.

Charles de Foucauld

In diesem Jahrhundert der Massen, in dem ich mich entschlossen hatte, allein zu sein,
wäre vielleicht die größte Sünde, darüber zu jammern,
daß sich Menschen vor der Tür meiner Einsamkeit befinden.

Thomas Merton

Wir können nur mit Gott reden, wenn wir unsere Arme, so gut wir können, um die Welt legen,
das heißt, wenn wir Gottes Wahrheit und Gerechtigkeit in alles hineintragen.

Martin Buber

Einsames Beten ist der tiefste und wirksamste Ausdruck der Mitmenschlichkeit.

René Voillaume

Die wahre Einsamkeit ist nicht Traumland, nicht Zufluchtsort der enttäuschten Hoffnungen.
Sie ist vielmehr Selbstvergessenheit,
der Tod des eigenen Ich, um Gott und sich wiederzufinden.

Henri Clérissac

Für mich ist das Schweigen Jesu eine klingende Melodie.

Therese von Lisieux

Es gibt Schwellen, die wir durch das Denken allein, wenn es sich selbst überlassen ist,
niemals überschreiten können.
Es ist eine Erfahrung notwendig – eine Erfahrung von Armut und Krankheit.

Gabriel Marcel

Die Krankheit ist nicht wegzudenken; sie gehört zu diesem Dasein wie der Sturm zum Meere.
Die Krankheit steht in einem tiefen Zusammenhang mit der Gnade, der Vision.
Die Krankheiten, denen die Heimgesuchten sich fügen, sind verhüllte Engel,
die sie von Stufe zu Stufe tragen.
Diesem tragischen Aspekt ist der Humor entgegengesetzt,
er beruht auf dem Todernst des inneren Lebens
und dem mit ihm verbundenen unbestechlichen Wirklichkeitssinn –
ernst ist in Wahrheit ja nur die Beziehung zu Gott.

Reinhold Schneider

Es ist gut, Gott in der Nacht der Prüfung zu dienen.
Wir haben nur dieses eine Dasein, um aus dem Glauben zu leben.

Therese von Lisieux

Ich glaube, daß das Leben von jedem von uns ein Geheimnis ist,
zu dem Gott allein den Schlüssel besitzt und in dem sich ein Engel verbirgt.
Es gibt in uns Dinge, von denen nicht einmal der Satan etwas weiß.

Julien Green

Wenn das Weizenkorn nicht in die Erde fällt und stirbt, bleibt es allein;
wenn es aber stirbt, bringt es reiche Frucht.

Johannes 12, 24

Manchmal stehen wir auf,
stehen wir zur Auferstehung auf
mitten am Tage
mit unserem lebendigen Haar,
mit unserer atmenden Haut.
Nur das Gewohnte ist um uns.
Keine Fata Morgana von Palmen
mit weidenden Löwen
und sanften Wölfen.
Die Weckuhren hören nicht auf zu ticken,
ihre Leuchtzeiger löschen nicht aus.
Und dennoch leicht
und dennoch unverwundbar
geordnet in geheimnisvolle Ordnung,
vorweggenommen in ein Haus aus Licht.

Marie Luise Kaschnitz

Literaturnachweis

Ingeborg Bachmann

In die Mulde meiner Stummheit...
aus: Ingeborg Bachmann, Psalm 4,
Bücher der Neunzehn S. 24
R. Piper Verlag, München

Corona Bamberg

Nicht wer sich am besten Gehör...
aus: Was Menschsein kostet S. 63
Echter-Verlag, Würzburg

Martin Buber

Wir können nur mit Gott reden...
aus: Nachlese 1965 S. 195
Verlag Lambert Schneider, Heidelberg

Henri Clérissac

Die wahre Einsamkeit ist
nicht Traumland...
aus: Julius Angerhausen,
Schafft Schweigen S. 67
Verlag Herder, Freiburg

Hilde Domin

Die schwersten Wege...
aus: Nur eine Rose als Stütze S. 60
© 1959 S. Fischer Verlag GmbH,
Frankfurt am Main

Fjodor M. Dostojewski

In dieser geistigen Einsamkeit...
aus: Walter Nigg, Buch der Büsser
© Walter Verlag A.G., Olten 1970

Gertrud von Le Fort

Wir können uns der letzten
Geheimnisse...
aus: Aphorismen S. 23
Mich ruft zuweilen eine Stille... S. 89
Wenn aber dieser
herbstliche Sturm... S. 27
aus: Gedichte, 1970
Ehrenwirth Verlag, München

Charles de Foucauld

Es gibt immer Zeiten...
Wenn man Jesus gesehen hat...
aus: Walter Nigg, Buch der Büsser
© Walter Verlag A.G., Olten 1970

Max Frisch

Gott, der nicht im Mikroskop...
aus: Stiller S. 180
Suhrkamp Verlag, Frankfurt am Main

Gebet der Araukaner (Chile)

Ich muß wieder beten wie früher...
aus: Musik, die zum Himmel steigt
Hrsg. Ernesto Cardenal,
Jugenddienst-Verlag, Wuppertal
Patmos Verlag, Düsseldorf

Julien Green

Ich glaube, daß das Leben...
aus: Dem Unsichtbaren zu S. 78
Europa Verlag GmbH, Wien

Friedrich Hölderlin

Könnt ich sie dir zurückbringen...
aus: Hyperion oder
der Eremit aus Griechenland
S. 583, Werke
Rainer Wunderlich Verlag
Hermann Leins, Tübingen

M. L. Kaschnitz

Manchmal stehen wir auf...
aus: Dein Schweigen, meine Stimme S. 13
Copyright © 1962
by Claassen Verlag GmbH
Düsseldorf und Hamburg

Thomas von Kempen

Hüte dich vor dem Getümmel...
aus: Von der Nachfolge Christi, I/10
Verlag Habbel, Regensburg

Sören Kierkegaard

Allmählich, wie er innerlicher...
aus: Die Lilie auf dem Felde
und der Vogel unter dem Himmel.
Drei fromme Reden
22. Abt. der Gesammelten Werke
im Diederichs Verlag,
enthalten in dem Band:
Kleine Schriften 1848/49, S. 37/38
Düsseldorf/Köln 1960
Verlag Eugen Diederichs, Düsseldorf

Ludvik Kundera
Und wieder bin ich unhörbar...
aus: Reiner Kunze,
Die wunderbaren Jahre S. 116
© S. Fischer Verlag GmbH,
Frankfurt am Main, 1976

Therese von Lisieux
Für mich ist das Gebet ein Aufschwung...
aus: Selbstbiographische Schriften
Johannes Verlag, Einsiedeln

Therese von Lisieux
Es ist gut, Gott in der Nacht...
aus: Waltraud Herbstrith,
Anfechtung und Solidarität S. 185
Verlag Gerhard Kaffke, Frankfurt/Main

Gabriel Marcel
Es gibt Schwellen...
aus: Thomas Merton,
Weisheit der Stille
Otto Wilhelm Barth Verlag
(im Scherz Verlag, Bern und München)

Pablo Picasso
Nichts kann ohne Einsamkeit entstehen...
aus: „Wort und Bekenntnis"
Die gesammelten Dichtungen
und Zeugnisse
Verlag der Arche, Zürich 1954

Rainer Maria Rilke
Es gibt nur eine Einsamkeit...
aus: Briefe an einen jungen Dichter
Insel Verlag, Frankfurt am Main, 1963

Antoine de Saint-Exupéry
Eisig, o Herr, ist zuweilen...
aus: Gebete der Einsamkeit S. 35
Karl Rauch Verlag, Düsseldorf

Alexander Solschenizyn
Verschlossen das Wasser...
aus: Im Interesse der Sache
1970, H. Luchterhand Verlag,
Darmstadt und Neuwied

Mutter Teresa von Kalkutta
Das Beten ist sehr schwer...
aus: Mutter Teresa von Kalkutta,
Geistliche Texte
Herausgegeben von Georges Gorrée
und Jean Barbier
Topos-Taschenbuch Band 58
Matthias-Grünewald-Verlag, Mainz

Peter Wust
Wenn Sie mich nun noch fragen sollten...
aus: Gestalten und Gedanken.
Rückblick auf mein Leben
Kösel-Verlag GmbH, München

Fotos
und Bildrechte
Oswald Kettenberger, Maria Laach

Unser Dank gilt allen Autoren und
Verlagen für die freundlich erteilten
Genehmigungen zum Abdruck der
gewählten Texte

4. Auflage 1979
Reproduktion: Interlitho, Mailand
Typografie: Hermann Maier, Stuttgart
Satz und Druck: »Satz & Druck« Contzen, Lünen
Einband: Verlagsbuchbinderei W. Berenbrock, Wuppertal
ISBN 3 7811 0180 0